er Août 1894. Nº 4. P

REVUE GÉNÉRALE

DE

Droit International Public

DROIT DES GENS — HISTOIRE DIPLOMATIQUE
DROIT PÉNAL — DROIT FISCAL — DROIT ADMINISTRATIF

PUBLIÉE PAR

Antoine PILLET
PROFESSEUR DE DROIT INTERNATIONAL
A LA FACULTÉ DE GRENOBLE

Paul FAUCHILLE
AVOCAT, DOCTEUR EN DROIT
LAURÉAT DE L'INSTITUT DE FRANCE

SOUS LE PATRONAGE DE MM.

EXTRAIT

PARIS

A. PEDONE, Libraire-Editeur
13, rue Soufflot, 13.

A. ASHER et Cie
A Berlin.

BELINFANTE Frères
A La Haye.

GEROLD et Cie
A Vienne.

LISTE DES ADHÉRENTS ET COLLABORATEURS

MM. les professeurs : ALCORTA, de Buenos-Ayres ; — ARIAS, de Lima ; — AUBERT, de Christiania ; — DE BAR, de Gœttingue ; — BERNEY, de Lausanne ; — BLOCISZEWSKI, à l'Académie orientale de Vienne ; — BROCHER DE LA FLÉCHÈRE, de Genève ; — BRUSA, de Turin ; — DE BUSTAMANTE, de la Havane ; — BUZATTI, de Macerata ; — CARNAZZA AMARI, de Catane ; — CATELLANI, de Padoue ; — CHAMPEAU, de Bogota ; — CONTUZZI, de Naples ; — DAHN, de Breslau ; — ESPERSON, de Pavie ; — FIORE, de Naples ; — FUSINATO, de Turin ; — GAREIS, de Kœnigsberg ; — GESTOSO Y ACOSTA, de Valence ; — GRABAR, de Dorpat ; — GRUNHUT, de Vienne ; — HARBURGER, de Münich ; — HEIMBURGER, de Giessen ; — HILTY, de Berne ; — IWANOWSKI, d'Odessa ; — KAMAROWSKI, de Moscou ; — LAMMASCH, de Vienne ; — LENTNER, d'Innsbrüch ; — DE MARTENS, de St-Pétersbourg ; — DE MARTITZ, de Tubingue ; — MILOSSAVLIEVITH, de Belgrade ; — PÉLISSIÉ DU RAUSAS, directeur de l'Ecole française de droit du Caire ; — PIERANTONI, de Rome ; — REVON, de Tokio ; — ROGUIN, de Lausanne ; — STOERK, de Greifswald ; — STREIT, d'Athènes ; — TEICHMANN, de Bâle ; — STRISOWER, de Vienne ; — TORRES-CAMPOS, de Grenade ; — ULLMANN, de Münich ; — VOGT, de Zurich.

MM. BOHM, docteur en droit, referendar à Francfort s/M. ; — CALVO, ministre de la République argentine à Berlin ; — DANEFF, docteur en droit, avocat à Sofia ; — GAUVAIN, secrétaire général de la Commission européenne du Danube ; — GHIRGANOFF, avocat à Bucarest ; — KAUFMANN, assesseur de justice à Berlin ; — KIATIBIAN, docteur en droit, avocat à Constantinople ; — KLEEN, secrétaire de légation à Carlsruhe ; — LEHR, secrétaire gén. de l'Institut de droit intern., prof. hon. à Lausanne ; — MOYNIER, président du Comité intern. de la Croix-Rouge ; — MULDER, docteur en droit, à la Haye ; — DE OLIVART, avocat à Barcelone, anc. prof. à Madrid ; — POINSARD, secrétaire général des Bureaux internationaux de la propriété intellectuelle, à Berne ; — DE ROLLAND, conseiller d'Etat à Monaco ; — ROSTWOROWSKI, docteur en droit ; — SARMISA BILCESCO (Mlle), docteur en droit, à Bucarest ; — SIMONIS, avocat à Luxembourg ; — VEILLCOVITCH, docteur en droit, à Belgrade.

MM. les professeurs : JAY, LAINÉ, LESEUR, LYON-CAEN (de l'Institut), RENAULT, THALLER, WEISS, de Paris ; — BALLEYDIER, CAPITANT, PAUL FOURNIER, MICHOUD, TARTARI, WAHL, de Grenoble ; — AUDINET, BRY, LACOSTE, d'Aix ; — GÉRARD, d'Alger ; — DE BOECK, DESPAGNET, de Bordeaux ; — BIVILLE, CABOUAT, MARCEL FOURNIER, de Caen ; — BONNEVILLE, DESLANDRES, de Dijon ; — JACQUEY, de Lille ; — PIC, SOUCHON, de Lyon ; — CHAUSSE, VALÉRY, de Montpellier ; — BEAUCHET, BOURCART, CHRÉTIEN, LOMBARD, de Nancy ; — SURVILLE, de Poitiers ; — AUBRY, CHAUVEAU, PIÉDELIÈVRE, de Rennes ; — BONFILS, BRESSOLES, BRISSAUD, MÉRIGNHAC, ROUARD DE CARD, de Toulouse.

MM. ARNAUNÉ, FUNCK-BRENTANO, RAMBAUD, SCHEFER, SOREL, de l'Institut, VANDAL, professeurs à l'Ecole libre des sciences politiques.

MM. BARRÈME, GAIRAL, SELOSSE, professeurs des Facultés libres de droit.

MM. DESJARDINS, de l'Institut, avocat général ; — FÉRAUD-GIRAUD, conseiller ; — LACOINTA, ancien avocat général à la Cour de cassation ; — DEPEIGES, substitut à la Cour de Riom ; — DE MONTLUC, conseiller à la Cour de Douai ; — PASCAUD, conseiller à la Cour de Chambéry ; — PRADIER-FODÉRÉ, conseiller à la Cour de Lyon ; — PRUDHOMME, substitut à Sens.

MM. ARNAUD, auditeur ; — GRIOLET, maître des requêtes hon. au Conseil d'Etat.

MM. DELAVAUD, docteur en droit, secrétaire d'ambassade ; — ENGELHARDT, ministre plénipotentiaire ; — FARGES, chef de bureau aux Archives ; GIRARD DE RIALLE, ministre plénipotentiaire, chef de la Division des Archives ; — LIEBERT, attaché au ministère des affaires étrangères.

MM. CLUNET, CH. CONSTANT, DAGUIN, avocats à la Cour de Paris ; — LUYT, chef du contentieux de la Compagnie des chemins de fer du Midi, en retraite ; — POUTIGNAC-DEVILLARS, ancien négociant ; — DARRAS, DUPUIS, KEBEDGY, PAISANT, PENET, SALOMON, docteurs en droit ; — OFFNER, attaché au parquet général à Hanoï.

DE LA

PERSONNALITÉ CIVILE DE L'ÉTAT

PAR

Pasquale FIORE

PROFESSEUR A L'UNIVERSITÉ DE NAPLES

La question de la personnalité de l'État peut être étudiée et discutée à deux points de vue absolument distincts.

L'État peut être, en effet, considéré comme un organisme politique, formé par la réunion volontaire d'un nombre considérable d'hommes (peuple) qui, établis sur un territoire déterminé, forment un gouvernement, ayant le pouvoir et les moyens de faire respecter l'ordre et de protéger le droit des associés et ayant aussi la capacité suffisante pour assumer la responsabilité de ses propres actes dans ses rapports avec les autres États. Aussitôt qu'un État peut être réputé politiquement créé par le groupement d'un peuple, il prend de plein droit la condition et le caractère d'une personne de la *magna civitas*. A lui, comme tel, appartient la personnalité dans ses rapports avec les autres États ; il se trouve investi *ipso jure* de tous les droits fondamentaux, qui doivent être considérés comme indispensables pour le maintien de ses caractères distinctifs d'État dans ses rapports avec les autres États.

Notre intention n'est pas de nous occuper ici de la personnalité internationale qui appartient à l'État comme organisme politique (1). On dit communément que, pour qu'un État puisse prendre la qualité d'une personne dans ses rapports avec les autres puissances, il est nécessaire qu'il soit reconnu par chacune de celles-ci. Cette opinion n'est cependant pas rigoureusement exacte. La reconnaissance doit être envisagée comme nécessaire de la part de chaque État avec lequel cet autre État veut, en fait, entrer en relations. Mais il faut observer que, du moment où il est constitué politiquement, l'État a la qualité d'une personne et que son individualité en tant qu'État ne peut être considérée comme restreinte au territoire sur lequel il exerce ses pouvoirs. Tout État, politiquement

---

(1) V. mon *Trattato di diritto internazionale pubblico*, 3e édit., § 228 et suiv., Turin 1887 ; mon *Diritto internazionale codificato*, reg. 80 et suiv.

constitué, est appelé à étendre son activité en dehors des limites du territoire national. Il prend donc la condition d'une personne de la *magna civitas*, indépendamment même de la reconnaissance. Seulement, il ne peut avoir la jouissance et l'exercice de tous les droits qui lui appartiennent indépendamment de cette reconnaissance ; mais les rapports de fait, qui s'établissent entre un État nouvellement constitué et ceux qui ne l'ont pas encore reconnu, doivent toujours être considérés comme des rapports entre des personnes internationales : ils doivent comme tels être gouvernés par le droit international. Il en résulte clairement que tout État devient sujet de rapports juridiques internationaux du moment où il est constitué. De tout ceci, il suit que la personnalité internationale appartient de plein droit à tout État constitué comme être politique.

Nous ne voulons pas nous occuper de cet objet ; nous avons, au contraire, l'intention de discuter ce qui concerne la personnalité civile de l'État.

Il y a lieu de faire grande attention à ceci que, lorsque l'État est constitué par la volonté d'un peuple, il est *ipso jure* et *ipso facto* investi de tous les droits, de toutes les capacités, de tous les pouvoirs qui sont à regarder comme lui étant nécessaires pour exister, pour se conserver, pour se développer et pour atteindre le but social en vue duquel il a été créé.

Si l'on envisage le but pour lequel l'État est constitué, on doit reconnaître qu'il ne peut lui suffire d'avoir l'intégralité de la puissance publique ni d'être considéré comme sujet de rapports de droit public ; il est encore nécessaire qu'il ait un patrimoine, la capacité pour l'acquérir, l'administrer et le conserver, et à cet effet qu'il soit considéré comme un sujet de rapports de droit privé, c'est-à-dire qu'il ait la capacité requise pour jouir des droits patrimoniaux et pour les exercer ; il est nécessaire, en d'autres termes, qu'il ait la personnalité civile, et c'est de cette personnalité que nous devons nous occuper spécialement.

Quelle est la source de la personnalité civile de l'État ? L'homme est réputé sujet de droits privés dès le moment où il existe. Les législateurs ont même admis que l'enfant conçu pouvait être réputé sujet de droits privés, lorsque cela lui est favorable. C'est là une idée qui vient du droit romain. En règle, c'est seulement l'homme né qui peut avoir la qualité d'une personne et qui peut être considéré *jure suo* comme sujet de droits.

La nécessité sociale qu'il y a d'admettre, à côté de la personnalité individuelle de l'homme, la personnalité collective dérivant d'une association, d'une corporation, d'une fondation ou d'un autre agrégat et l'utilité sociale qu'il y a d'accorder à de tels agrégats, afin qu'ils remplissent leur but, la capacité pour acquérir un patrimoine et pour faire des contrats à son égard, ont poussé les jurisconsultes et les législateurs à reconnaître que l'individualité résultant d'un groupement d'hommes pourrait avoir la personnalité. Il a été ainsi admis, d'abord par la science, puis par la législation, que, indépendamment des personnes naturelles et physiques, qui *jure proprio* sont des sujets de droit, les entités collectives pouvaient avoir la personnalité, elles qui n'ont pas d'individualité naturelle, mais qui l'acquièrent à raison du but déterminé et spécifié en considération duquel l'agrégat a été constitué. Celles-ci sont appelées personnes juridiques pour les distinguer des autres qui sont les personnes physiques (1). Il n'est point nécessaire de nous arrêter sur ce point. Nous voulons simplement faire une observation. Bien qu'on puisse considérer comme utile et, dans certains cas, comme nécessaire (2) que l'individualité collective soit revêtue de la personnalité, néanmoins, puisque la personnalité ne

(1) On discute depuis longtemps sur la nature et sur les caractères de ces êtres collectifs qui ont la qualité de sujets de droit ; de nombreuses théories ont été développées par les auteurs. Certains ont pensé que la personnalité de ces êtres collectifs n'était qu'une fiction juridique (V. Heise, *Grundriss eines Systems des gemeinen civilrechts*, § 98 et 106 ; Mühlenbruch, *Doctrina pandect.*, § 190 ; Savigny, *Traité de dr. romain*, t. II, § 85 ; Unger, *Kritisch Ueberschau*, t. VI, n° 168 ; Demolombe, *Cours de Code Napoléon*, t. I, n° 134 ; Laurent, *Principes de droit civil*, t. I, n° 288 ; Heisser, *Études sur les personnes morales*). D'autres ont dit que le sujet du droit n'est point l'être collectif, mais que ce sont les personnes physiques qui jouissent des droits qui semblent appartenir à la collectivité. (V. Bolze, *Der Begriff der Juristischem Person* ; Ihering, *Geist des römischen Rechts*, III, I, § 40, 60, 61). D'autres encore ont estimé qu'il pouvait y avoir des relations juridiques, qui se rapportent à un homme qui en est le sujet actuel et d'autres, qui subsistent à raison de leur but, et que si, pour ces dernières, le sujet actuel manque, elles doivent être envisagées comme se rapportant à un sujet futur. (V. Windscheid, *Pand.*, t. I, § 49 ; Demelius, *Iahrb. für Dogmatik*, t. IV, p. 113 et suiv. ; Brinz ; Becker et autres).

Il me semble que l'individualité est la condition essentielle pour qu'il y ait une personnalité. L'individualité naturelle appartient à l'homme ; l'individualité collective nait *jure proprio*, dans certains cas, du caractère intrinsèque de l'agrégat (c'est ce qui arrive pour l'État et aussi pour l'Église ; je veux parler de l'Église comme groupement religieux, comme institution d'ordre spirituel, comme association découlant de la liberté de conscience). En dehors de ces cas, l'individualité collective acquiert l'existence en vertu d'un acte de la souveraineté qui reconnaît que l'individualité découle du but auquel tend le groupe ; ce sont là, à proprement dire, les vraies personnes juridiques, puisque leur individualité n'existe pas *jure proprio* mais dépend du droit territorial (ce qui peut se dire de toute forme de groupement et de l'Église même dans ses rapports temporels : celle-ci ne peut avoir la personnalité civile sans la coopération du droit territorial). C'est sur ces idées que j'ai fondé ma théorie des personnes en matière de droit international. (V. mon *Droit international codifié*, trad. française d'Antoine, règ. 30 et suiv.).

(2) Relativement à certains groupements, la personnalité est accordée à raison de nécessités substantielles et intrinsèques qui s'imposent à la souveraineté même, puisqu'elles se tirent de certaines exigences fondamentales de l'organisme politique. C'est ce qui arrive pour les communes et aussi pour les circonscriptions politiques qui comprennent plusieurs communes, comme les provinces et les régions (*le provincie o le regioni*). Il est de nécessité sociale que la personnalité soit accordée à de tels groupements politiques en vue de favoriser le développement des intérêts de l'association politique.

peut être accordée que par les pouvoirs publics qui reconnaissent l'utilité ou la nécessité de réputer certains groupements, à raison de leur but juridique, sujets de rapports déterminés de droit, tout le monde est d'accord pour admettre que ces entités ou ces individualités collectives ne peuvent avoir la capacité d'acquérir, d'exercer des droits relatifs au patrimoine, et d'en jouir, qu'à partir du moment où les pouvoirs publics ont, en en reconnaissant l'utilité, concédé la personnalité à celles-ci.

Il est naturel d'admettre comme règle que la personnalité civile n'est accordée à des associations de toute forme que par les pouvoirs publics et que cette personnalité ne commence à exister qu'en vertu d'un acte de la souveraineté qui, en considération du but spécial du groupement, lui reconnaît la faculté de prendre la qualité de personne juridique, soit pour que celui-ci puisse ainsi mieux atteindre certains buts d'intérêt public (ce qui arrive pour les paroisses, par les associations de charité, pour les établissements de bienfaisance, pour les universités, etc.), soit pour qu'il puisse atteindre certains buts d'intérêt privé, pourvu que ceux-ci ne soient en opposition ni avec le droit de la société ni avec l'utilité publique (c'est ce qui arrive pour les sociétés civiles et commerciales et pour les diverses entreprises formées dans l'intérêt direct et immédiat de particuliers groupés ensemble).

La personnalité civile de l'État doit-elle, dans ses rapports d'ordre interne, être assimilée à celle qui est attribuée aux communes, aux provinces, aux établissements publics civils et ecclésiastiques, et en général aux êtres moraux (*corpi morali*) (1) ?

Il convient de remarquer que l'État, eu égard au but pour lequel il est constitué, ne peut remplir ses fonctions essentielles, s'il ne se sert de biens patrimoniaux à ce convenables. Il ne saurait certainement pourvoir à tout avec les contributions et les taxes. Un patrimoine, plus ou moins important, lui est indispensable ; il lui faut donc la capacité civile pour l'acquérir. Une telle capacité lui est de même encore indispensable pour les actes de gestion que rend nécessaires l'exercice de ses fonctions publiques. Il faut admettre par suite que, de même que l'ensemble de tous les pouvoirs publics est la condition nécessaire de l'existence de l'État, de même constitue une condition nécessaire de sa vie organique et de l'exercice de ses fonctions publiques la capacité civile pour acquérir et pour exercer ses droits patrimoniaux qui sont des éléments naturels et indispensables de son existence et de son développement. Une telle capacité ne peut certainement pas être regardée comme une conces-

____

(1) Comp. Ducrocq, *De la personnalité civile de l'État d'après les lois civiles et administratives de la France.*

sion volontaire et libre de tel ou de tel autre pouvoir, ainsi que cela arrive pour les groupements qui se forment à l'intérieur de l'État et auxquels la capacité civile est concédée par un acte du souverain.

Peut-on concevoir un État n'ayant pas la capacité civile pour faire les actes juridiques d'ordre privé, lorsqu'il s'agit de pourvoir à l'administration et à la gestion du patrimoine public? Peut-on discuter la question de savoir si l'État a ou n'a pas la capacité pour acquérir les *res nullius* ou les *res derelictæ* ? Peut-on dénier à l'État le droit de recueillir les legs et de profiter des libéralités faites par les particuliers qui lui laissent leurs biens en vue de lui permettre de mieux assurer les besoins de la société? Peut-on supposer que, en vue de pourvoir, par des contrats nombreux, à la gestion du patrimoine public ou d'accepter les legs et les donations à lui faits par des particuliers, peut-on supposer qu'il soit tout d'abord nécessaire à l'État que la personnalité civile lui soit conférée ou que celui-ci ait besoin, pour prendre la qualité de personne capable d'exercer tous les droits civils patrimoniaux, d'une certaine autorisation qui lui serait accordée par un pouvoir qui lui serait supérieur ?

Chacun comprend que si on appliquait à l'État les principes qui concernent la personne juridique, on serait conduit à confondre des organes essentiellement distincts. Aucun des agrégats, aucune des associations, aucun des groupements se trouvant dans l'État ne peut être considéré comme existant *jure proprio*. Même, quant aux groupements qui offrent un caractère politique nécessaire, comme les communes et les provinces, l'individualité leur est conférée par les pouvoirs publics, puisque ceux-ci seuls peuvent attribuer la personnalité civile à un corps moral quel qu'il soit. L'État ne peut être assimilé à aucun de ces groupements qui existent sur son territoire. Il n'est pas en effet un groupement de citoyens, formé dans un but déterminé ; mais c'est bien l'institution sociale la plus vaste et la plus complexe qui existe, créée par le *populus* en vue d'atteindre toutes les fins d'utilité publique : aussitôt qu'il est politiquement constitué et à raison de ce fait même, il est à considérer comme jouissant de tous les droits, de toute la capacité et de toutes les aptitudes indispensables à son existence et à la réalisation des fins sociales pour lesquelles il est créé.

De ce qui précède, il résulte que ce serait une idée de tous points erronée que de mettre l'État sur le même rang qu'une des personnes juridiques quelconques créées par les pouvoirs publics. Pour celles-ci, la capacité civile résulte de ce qu'elles ont la personnalité, alors que leur personnification est un effet d'un acte des pouvoirs publics qui leur a concédé d'exister comme personne ; pour l'État, la capacité civile est aussi une conséquence de sa personnification, mais sa personnalité civile ne dérive pas d'un acte d'un pouvoir public quelconque : l'État existe *jure proprio* comme personne. La personnification est pour lui un droit fondamental qui lui appartient par cela seul qu'il est constitué et existe et que cette personnification est une condition indispensable à la réalisation des fins sociales en vue desquelles il a été créé.

La distinction que nous avons cherché à établir entre la personnalité civile des associations ou corporations quelles qu'elles soient et la personnalité civile de l'État dans ses rapports de droit interne, nous servira pour expliquer et pour établir la différence qui existe entre la capacité civile des personnes juridiques étrangères et celle des États étrangers.

Étant donné que tous les jurisconsultes sont d'accord pour admettre que la personnalité civile des corps moraux dérive de la loi et des pouvoirs publics, il est naturel que la condition de ces personnes dans les États étrangers ait été si discutée. On a, en effet, observé à juste raison que le souverain d'un État peut, en vertu du droit qui lui appartient, concéder la personnalité civile à un corps moral, mais qu'il ne peut lui concéder en même temps le droit de prendre cette même qualité dans les États étrangers. A cet égard, les jurisconsultes sont d'accord. La différence des opinions s'est manifestée, quand il s'est agi de déterminer sous quelles conditions les personnes juridiques étrangères peuvent être admises à exercer leurs droits d'ordre civil.

Ce n'est pas le lieu d'exposer ici les opinions des écrivains, ni celle que j'ai soutenue (1). Je considère seulement comme utile d'observer que, quel que soit le système que l'on veuille suivre, on ne peut décider qu'une personne juridique, légalement constituée suivant la loi d'un État, puisse, par cela même, être regardée comme une personne internationale ayant la faculté d'exercer partout ses droits, d'en jouir partout et d'étendre son activité juridique sur tous les pays du monde ; on ne peut, à cet effet, tirer un argument péremptoire de l'avantage qu'il y aurait à assurer aux personnes juridiques le bénéfice de la vie internationale. Je n'ai pu partager cette idée mise en avant par Brocher (2) ; pour moi, comme la personnalité civile est attribuée par une souveraineté à un corps moral en considération du but de l'entreprise, il appartient à la souveraineté étrangère d'apprécier si le fait que la personnalité serait accordée à un corps moral étranger est ou non en harmonie avec les intérêts de l'État et avec son but social. Étant admis que cet examen et cette appréciation doivent être faits par le souverain relativement aux corps moraux du pays, il me

____

(1) V. mon *Trattato di diritto privato internazionale*, t. I, partie spéciale, chap. 2, *Delle persone giuridiche straniere*, 3ᵉ édit., Turin 1888, et la traduction française d'Antoine, Paris 1890.

(2) *Cours de dr. intern. privé*, t. I, nᵒ 61.

semble plus qu'indispensable que ces mêmes mesures soient prises au regard des corps moraux étrangers. J'ai écarté l'idée de ceux qui, suivant l'opinion de Laurent (1), considèrent la personne juridique comme un *nomen juris*, de sorte que, d'après ces auteurs, la personne juridique doit être créée autant de fois qu'il y a d'États dans lesquels l'être moral étranger a l'intention de prendre la qualité d'une personne.

Je répète que ce n'est pas le moment de discuter ce point plus longuement. On peut de toute façon retenir comme certain qu'il est nécessaire, dans toutes les opinions, pour que l'entité étrangère puisse avoir la qualité de personne, qu'il y ait un acte de la part de la souveraineté de chaque État, que cet acte prenne la forme d'une autorisation expresse ou tout au moins celle d'une autorisation tacite.

Il faut toutefois faire attention à ceci que cette nécessité d'une autorisation a sa source, quant aux personnes juridiques étrangères, dans deux considérations fondamentales :

1° La personnification est elle-même un acte de la souveraineté étrangère. Il faut, en effet, toujours avoir présent à l'esprit qu'un être moral ne peut *jure proprio* prendre la qualité de personne civile, et qu'il ne l'acquiert qu'en vertu d'un acte de la souveraineté qui la lui concède.

2° La personnification est attribuée aux êtres moraux en considération de leurs fins juridiques spéciales et de l'utilité publique qui peut en résulter. Il faut toujours se rappeler que l'intérêt public et les fins sociales d'un pays ne sont pas dans tous les cas en harmonie avec l'intérêt public et les fins sociales d'un autre pays.

Étant donné les deux considérations fondamentales qui viennent d'être mentionnées, les êtres moraux et les établissements d'utilité publique, de quelque nature qu'ils soient, auxquels la personnalité civile a été légalement concédée par une souveraineté, en vertu de ses pouvoirs, ne peuvent prétendre que cette même personnalité leur soit reconnue en tous lieux et qu'eux-mêmes soient admis à jouir partout de la capacité civile. Le *nihil obstat* de la part de la souveraineté étrangère doit tout au moins être considéré comme indispensable, puisqu'il est toujours nécessaire que cette souveraineté examine si le but particulier pour lequel la personnification a été attribuée est ou non en harmonie avec le droit public territorial et avec les intérêts sociaux, économiques, politiques ou moraux.

Si on considère attentivement les motifs qui font que l'on est unanimement d'accord pour soutenir que la personnalité civile d'un corps moral ne peut être considérée comme une personnalité civile interna-

(1) V. ci-dessus, p. 3, note 1.

tionale, on doit admettre que de telles raisons ne peuvent être décisives quand on s'occupe de la personnalité civile internationale de l'État : la condition de tout être moral et la condition de l'État sont essentiellement différentes, quant à la personnalité civile dont l'un et l'autre peuvent jouir.

Pour les corps moraux, tout en acceptant la théorie la plus large et tout en adoptant à leur égard une espèce de statut personnel qui les accompagne et les suit en tous lieux, il faut néanmoins reconnaître qu'avant d'autoriser ces êtres moraux à jouir des droits qui leur sont accordés en considération de leur personnalité civile, la souveraineté de tous les pays a toujours le suprême pouvoir et le suprême devoir d'examiner si, en concédant à ces entités la faculté de prendre la condition de personnes, on n'occasionne pas un dommage et si on ne lèse point de quelque façon les intérêts sociaux à raison du but de l'entreprise. Pour l'État, au contraire, ces raisons ne subsistent en aucune façon.

Quant à lui, on ne peut pas dire que la personnalité lui a été attribuée en vue d'un but social particulier et que c'est en considération d'un tel but qu'il existe comme personne. Il existe au contraire comme institution sociale créée par le peuple. Tout peuple a le droit de se grouper suivant ses tendances naturelles et il peut choisir la forme d'organisation politique, la plus apte à réaliser les buts que l'association se propose d'atteindre comme offrant l'utilité sociale la plus grande pour les associés et la plus apte aussi à conserver et à accroître les résultats ainsi acquis.

Du moment où l'État est constitué, il existe avec tous ses droits fondamentaux, c'est-à-dire avec tous les droits indispensables pour qu'il puisse atteindre les buts d'intérêt social en vue desquels il a été créé. Or, nous avons précédemment démontré que la personnalité civile est pour l'État une condition indispensable d'existence et de développement, puisqu'il ne lui est pas possible d'atteindre le but pour lequel il existe et pour lequel il est constitué, s'il n'a point un patrimoine et la capacité pour l'acquérir. La personnalité civile de l'État est donc une condition essentielle pour qu'il puisse exister juridiquement et pour qu'il puisse être revêtu de ses caractères distinctifs d'État ; il en résulte clairement qu'on ne peut à son égard admettre la règle applicable aux personnes juridiques étrangères et qu'en sens inverse on doit considérer comme conforme aux principes généraux du droit la maxime contraire d'après laquelle sa personnalité civile s'impose, comme une conséquence de son existence politique, au regard de tous les autres États qui sont entrés en relations diplomatiques avec lui.

Un État peut, à sa volonté, entrer ou ne pas entrer en rapports avec une puissance étrangère; mais, quand il a établi avec celle-ci de tels rapports, il ne peut lui contester l'exercice et la jouissance de tous les droits et de toutes les capacités qui appartiennent à tous les États. Il n'est certainement pas besoin d'une reconnaissance spéciale pour l'exercice de chacun des droits qui appartiennent à l'État comme tel.

Peut-on s'imaginer que, quand deux États sont en relations diplomatiques, on doive présumer que l'un des deux s'est réservé le droit d'examiner ensuite si la personnalité civile qui appartient à l'autre peut ou non être considérée, eu égard au but par lui poursuivi, comme en opposition avec le droit public territorial ?

Si, par une disposition expresse, la loi d'un pays restreignait à l'encontre des États étrangers l'exercice d'un droit déterminé (comme, par exemple, celui d'acquérir des immeubles à titre particulier ou universel), il serait facile de comprendre que tout État, qui voudrait entrer en rapports avec lui, ne pourrait faire autrement que d'accepter les limitations apportées à sa capacité civile.

Il en serait de même si une restriction quelconque à sa capacité semblait résulter de la constitution politique du pays avec lequel il entre en rapports ou encore si elle était consacrée dans un traité conclu entre les deux États.

On doit ainsi admettre comme règle que la personnalité civile appartenant à l'État ne peut être enlevée ou diminuée que dans les cas suivants :

a) Lorsque la restriction au libre exercice et à la pleine jouissance des droits a été consacrée expressément par un traité solennel.

b) Lorsque la restriction dérive formellement et expressément de la constitution politique de l'État avec lequel l'autre gouvernement est entré en rapports (ces relations elles-mêmes doivent alors être envisagées comme formées sous une telle réserve).

c) Lorsque, dans l'acte de reconnaissance, les rapports ont été établis sous la condition expresse d'une restriction à l'exercice d'un droit déterminé.

Ces cas exceptés, puisque en principe général la personnalité civile appartient à l'État *jure proprio*, que la personnalité de l'État doit toujours être tenue pour entière et complète, et que l'État, en présence de toute autre puissance avec laquelle il entre en relations, doit être présumé en pleine possession de ses droits fondamentaux, il est nécessaire de dire que les rapports entre États impliquent chez chacun d'eux l'exercice et la jouissance de tous les droits qui appartiennent à l'État comme personne.

Dès lors, quand un de ceux-ci entre en rapports avec un autre, cette circonstance implique, en droit et en fait, que celui-là a l'intention et la volonté de reconnaître à l'autre la jouissance de tous les droits qui lui appartiennent comme État. On ne saurait soutenir qu'une souveraineté étrangère peut avec raison élever la prétention d'examiner et de discuter si l'État étranger est en droit de prendre la qualité d'une personne ; on ne saurait non plus considérer comme nécessaire à cet effet un acte formel d'autorisation, ainsi qu'on le soutient avec raison quand il s'agit d'un établissement étranger d'utilité publique.

Pour montrer l'absurdité à laquelle on arrive lorsqu'on veut faire descendre l'État étranger au rang des corporations ou des établissements publics, créés par la loi, remarquons que l'État exerce des droits d'ordre privé, non seulement quand il acquiert par succession et par délaissement, mais aussi quand il contracte, quand il devient créancier ou débiteur. Voudra-t-on soutenir que l'État étranger ne peut valablement s'obliger que quand sa personnalité civile a été reconnue, comme cela doit être lorsqu'il s'agit de corporations quelles qu'elles soient ? L'État doit-il être autorisé pour contracter à l'étranger ? Un État peut-il prétendre qu'une obligation par lui contractée est nulle, parce que lui-même manque de capacité pour s'obliger, lorsque ni sa personnalité ni sa capacité pour devenir créancier ou débiteur n'ont été formellement reconnues ?

Il n'est pas utile d'insister davantage pour montrer que l'on ne peut faire descendre l'État étranger au même rang qu'un établissement public, créé par une loi étrangère. Chaque État existe, d'abord quant à lui-même, et puis relativement à chacun des États avec lesquels il entre en rapports, avec tous les droits et avec toutes les capacités d'ordre politique et de caractère juridique privé qui sont, pour tout État constitué, des éléments nécessaires d'existence et de développement.

Pour appuyer notre argumentation, on peut remarquer que, bien que les États fassent des contrats à l'étranger et prennent des engagements vis-à-vis des particuliers en vue de pourvoir aux besoins divers des services publics, on n'a jamais pensé à soutenir que, pour qu'ils soient capables de s'obliger, il était besoin d'une autorisation ni d'une reconnaissance de leur personne juridique. En ce qui concerne sa capacité pour acquérir des immeubles, il n'arrive pas souvent, il est vrai, qu'un État acquière à titre privé de tels biens, à moins qu'il ne s'agisse d'hôtels de légation, de chapelles pour le service du culte ou d'autres choses semblables ; il convient toutefois de se souvenir que la capacité de l'État étranger pour acquérir en propriété ces immeubles est admise sans contestation et sans que l'on considère comme nécessaire que sa capacité juridique ait été précédemment reconnue. Étant une fois admis que l'État a la capacité pour acquérir des immeubles au moyen de contrats, indépendamment de la reconnaissance de sa personnalité civile, on ne peut lui contester la capacité pour les acquérir par tous les modes qu'admet la loi territoriale.

Pour combattre notre argumentation, on pourrait dire : de ce que la capacité juridique des États étrangers d'acquérir des hôtels destinés aux légations n'est pas contestée, on ne peut conclure à leur capacité générale pour acquérir la propriété immobilière, puisque le premier point se trouve être consacré par le droit coutumier et que cette concession est réciproquement utile, pour chaque État, en vue de l'exercice des rapports diplomatiques, alors qu'au contraire si on admet en règle qu'un État étranger est capable d'acquérir des immeubles, on en arrive ainsi à permettre à une souveraineté étrangère d'acquérir et de posséder une partie du territoire national. Comment justifier un tel résultat ? Le territoire, comme l'a justement remarqué Portalis, est la base de la souveraineté, et si le droit de celle-ci n'était pas entier et absolu sur tout le territoire et sur chacune de ses parties, son autonomie en serait diminuée : « il n'est rien, s'il n'est tout ».

Il convient toutefois de bien observer que la capacité juridique qui, selon nous, appartient à l'État étranger n'existe que dans les limites des rapports de droit privé. Personne certainement n'oserait penser qu'une souveraineté étrangère peut être réputée capable d'acquérir, en cette qualité, une partie du territoire national. Il résulte clairement de ceci que le raisonnement mis en avant pour contredire les principes que nous avons défendus manque d'une base juridique solide, puisqu'il est en substance fondé sur une équivoque. En reconnaissant en effet à un État la capacité pour acquérir à titre particulier des droits patrimoniaux, on ne soutient certainement pas que cet État peut acquérir de tels droits comme entité politique, ni qu'il a la faculté d'exercer des droits souverains sur les immeubles acquis. Il ne peut acquérir des droits ni plus grands ni plus étendus que ceux qui appartenaient à celui qui les lui a cédés. L'État est, en effet, un successeur à titre particulier et, en vertu du principe du droit commun : « *Nemo plus juris ad alienum transferre potest quam ipse habet* », il apparaît comme évident que personne ne peut transférer à un État étranger d'autre droit que celui d'acquérir et de posséder, à titre particulier, comme son successeur. De quelque façon donc que se réalise l'acquisition des droits patrimoniaux de la part d'un État étranger, que ce soit à titre universel (comme lorsqu'il est appelé à succéder), que ce soit à titre particulier (comme dans tous les cas de transfert de droits à titre particulier), il ne peut acquérir que les droits qui appartiennent à son auteur. Il ne saurait donc obtenir l'exercice d'aucun droit souverain ; il ne peut avoir que l'exercice des seuls droits qui rentrent dans la sphère du droit privé, et cela avec toutes les réserves établies par le droit civil territorial et sous toutes les conditions par lui sanctionnées. Il apparait clairement que la souveraineté territoriale n'est, en aucune manière, dépouillée de son droit de domaine éminent sur la partie de son territoire, achetée à titre privé par un État étranger ; et, de même qu'en vertu du pouvoir suprême qui appartient à chaque souverain, celui-ci peut soumettre aux lois territoriales toute acquisition de la part des étrangers, de même on doit reconnaître qu'il a le même pouvoir suprême au regard de toute acquisition à titre particulier faite par un État étranger.

Il suit de là que l'État étranger est tenu de se soumettre à toutes les lois concernant la propriété foncière et qu'il doit en subir l'autorité quant à la jouissance et quant à l'exercice des droits qui lui appartiennent comme propriétaire à titre privé. Il ne peut pas même prétendre qu'il a le droit de continuer à posséder les immeubles acquis.

On doit admettre, en effet, que la souveraineté territoriale, toutes les fois qu'il ne lui parait pas convenable que les États étrangers conservent les acquisitions faites et toutes les fois qu'elle veut empêcher les dommages devant en résulter au point de vue économique, peut par une loi spéciale leur ordonner d'aliéner les immeubles acquis. Il appartient toujours au souverain d'un pays d'imposer à chaque propriétaire, pris en particulier, l'obligation de subir une expropriation pour cause d'utilité publique, en le contraignant à aliéner l'immeuble et à faire valoir ses droits sur le prix au lieu de les exercer sur la chose elle-même. Personne ne peut contester que le législateur, voulant pour raison d'utilité publique, abolir la mainmorte, n'ait la faculté d'imposer à toute personne morale l'obligation d'aliéner les immeubles acquis sous la condition de ne pas en disposer. Il serait manifestement injuste que le souverain veuille confisquer à son profit la propriété privée, puisque ceci équivaudrait à une spoliation arbitraire ; mais il n'y a point injustice si, voulant empêcher la concentration excessive d'immeubles et considérant la mainmorte comme préjudiciable aux intérêts agricoles du pays, un État impose l'obligation d'aliéner les biens immobiliers acquis par des personnes qui se sont enlevé la capacité d'en disposer et de les transmettre. Ces principes qui peuvent être soutenus sans conteste au regard de toute corporation ou de toute fondation, et pour ce qui est de la mainmorte nationale, trouvent encore leur juste application au regard de la mainmorte étrangère et ainsi quant aux acquisitions faites par les États étrangers.

De ce qui précède, nous conclurons que, tout en reconnaissant qu'on ne peut dénier en règle générale à un État étranger la capacité pour acquérir la propriété comme successeur à titre particulier, il faut admettre aussi qu'on doit considérer comme resté intact le domaine éminent du souverain territorial relativement à la propriété acquise par l'État étranger et que conséquemment ce souverain peut, non seulement assujettir l'État étranger à toutes les lois touchant l'exercice des droits sur la propriété foncière de la part des particuliers, mais qu'il peut encore, en vertu d'une loi spéciale, et pour prévenir le dommage qui pourrait en résulter au point de vue économique, imposer à l'État étranger l'obligation d'aliéner les immeubles qu'il a acquis en s'enlevant la faculté d'en disposer et de les transmettre.

Toute notre théorie se résume de la manière suivante :

Quand les rapports diplomatiques doivent être considérés comme légalement et effectivement établis entre deux États, cette circonstance implique en thèse générale la jouissance réciproque de tous les droits qu'il faut regarder comme appartenant à l'État selon les principes du droit commun, à moins que la loi territoriale n'ait expressément consacré quelque restriction.

Étant donné, pour toutes les raisons qui viennent d'être exposées, que l'État, aussitôt constitué, a de plein droit la condition d'une personne politique et celle d'une personne civile, il en résulte qu'il peut devenir le sujet de rapports de droit public et de rapports de droit patrimonial et que, comme il n'est nécessaire pour cela d'aucun acte des pouvoirs publics qui lui attribue la personnalité et la capacité d'ordre privé, ces attributs lui appartiennent, en tant qu'il est un État, non seulement à l'intérieur, mais encore à l'extérieur.

De ceci on ne saurait d'ailleurs conclure que l'État étranger peut avoir la faculté d'exercer tous les droits patrimoniaux à l'étranger et d'en jouir, sans l'assentiment de la souveraineté territoriale. Une distinction substantielle s'impose entre la capacité pour acquérir des droits et la faculté de les exercer et d'en jouir. L'exercice de tous les droits appartenant aux personnes doit toujours rester soumis à la loi territoriale. Celle-ci doit régir et peut restreindre la jouissance de tous les droits appartenant aux citoyens et aux étrangers, et les États étrangers ne peuvent à cet égard être traités différemment. En conséquence, si, pour la prise de possession des immeubles, la loi territoriale exige qu'il y ait, de la part de la souveraineté territoriale, une autorisation expresse toutes les fois qu'il s'agit d'une acquisition de propriété immobilière faite par des personnes juridiques reconnues, l'État étranger doit se soumettre à cette disposition, toujours pour la raison par nous donnée qu'il doit reconnaître l'autorité de la loi territoriale pour ce qui est de la jouissance et de l'exercice des droits acquis à titre privé.

Nous admettons en définitive que la personnalité civile appartient à l'État, *jure proprio*, non seulement sur son territoire, mais à l'étranger ;

seulement, en même temps, nous soutenons que l'État étranger doit, pour la jouissance et pour l'exercice de tous les droits acquis à titre privé, se soumettre à l'autorité de la loi territoriale. Nous faisons ainsi une distinction entre, d'une part, la capacité pour acquérir des droits patrimoniaux et, d'autre part, la jouissance ainsi que l'exercice effectif des droits acquis à titre privé par un État étranger : celui-ci doit reconnaître l'autorité de la loi territoriale pour tout ce qui concerne la jouissance et l'exercice de ces droits.

La distinction que nous faisons n'a pas une importance purement philosophique et abstraite ; elle a aussi une importance pratique et concrète. L'État peut non seulement contracter et s'obliger à l'étranger sans être autorisé par la souveraineté étrangère à prendre la qualité d'une personne juridique, mais il peut aussi acquérir un legs, puisqu'il ne lui manque ni la personnalité civile, ni la capacité pour acquérir. La souveraineté étrangère peut toutefois le soumettre à toutes ses lois pour la jouissance du legs, mais elle ne peut le considérer comme un incapable, à moins que la loi n'ait expressément établi l'incapacité pour les États étrangers d'acquérir par succession.

La souveraineté territoriale peut toujours déterminer à quelles conditions l'État étranger sera maintenu en possession du legs ; elle peut aussi le soumettre à l'expropriation forcée ; mais tout cela a sa source dans le domaine éminent que le souverain possède pour régler l'exercice des droits et ne touche ni à la question de la personnalité civile de l'État étranger, ni à celle de sa capacité. Notre théorie, ainsi placée sous son véritable jour, ne peut certainement être dangereuse, ainsi qu'elle semblerait au premier abord. Elle laisse entier le droit qui appartient au souverain de décider, avec une liberté complète, si un État étranger, qui a acquis à titre gratuit comme personne civile et qui est ainsi devenu propriétaire d'une portion du territoire national, peut être maintenu dans la jouissance du bien acquis. Comme la souveraineté peut contraindre l'État étranger à aliéner, on doit admettre que, quand celle-ci n'use pas de son droit et laisse l'État étranger conserver l'acquisition faite, cette abstention doit équivaloir indirectement à une autorisation tacite. Nous n'admettons pas que, pour que l'acquisition devienne effective, l'État étranger soit obligé de demander l'émission d'un décret, comme cela est nécessaire pour les établissements étrangers d'utilité publique.

Le décret qui autoriserait un État étranger à prendre possession effective des immeubles par lui acquis à titre privé blesserait sans aucun doute la dignité de celui-ci. Il doit suffire, de la part de l'État étranger, qu'il reconnaisse l'autorité des lois territoriales et qu'il remplisse toutes les formalités qui doivent être observées pour la prise de possession de la propriété acquise, et, de la part du souverain territorial, qu'il s'abstienne de toute objection, ce qui doit équivaloir à son autorisation tacite. Il faut observer, en effet, que si ce souverain trouve des inconvénients à ce que l'État étranger possède des biens immobiliers, il peut, avant tout, opposer son *veto* par la voie diplomatique en invitant cet État à aliéner ces immeubles. Si ce mode de procéder est inefficace, le souverain peut toujours empêcher la possession et la jouissance des biens immobiliers acquis, en ordonnant, par une loi spéciale, à l'État étranger de les aliéner. Il peut aussi établir une loi générale pour interdire aux étrangers et aux États étrangers d'acquérir des biens immobiliers.

Si la souveraineté territoriale ne se sert d'aucun de ces moyens ou d'aucun des autres dont elle dispose, on doit naturellement admettre qu'il y a autorisation tacite de sa part, autorisation qui doit avoir la même valeur que celle qui serait expressément accordée par un décret.

L'État, aussitôt qu'il est constitué, a de plein droit, dans ses rapports internes et externes, la personnalité et la capacité pour exercer les droits publics et les droits internationaux.

Il a encore, *jure proprio*, sur son territoire et en dehors de son territoire, la personnalité civile et la capacité pour acquérir les droits privés patrimoniaux, sauf toutefois l'obligation de reconnaitre dans les pays étrangers le domaine éminent qui appartient à la souveraineté territoriale et l'autorité des lois établies par celle-ci, en ce qu'elles règlent et limitent l'acquisition, la jouissance et l'exercice des droits d'ordre privé.

Trad. par M. A. Darras, Docteur en droit.

(Extrait de la *Revue générale de droit international public*, 1891).

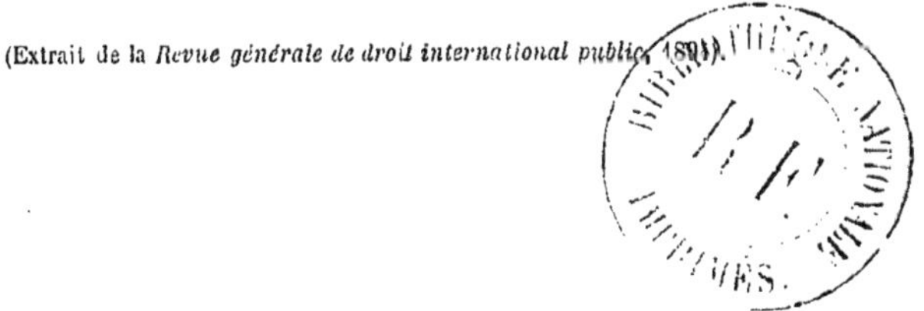

Imp. G. Saint-Aubin et Thevenot, Saint-Dizier (Hte-Marne), 15-17, passage Verdeau, Paris.

Abonnement: 20 fr. par an. — La Revue paraît tous les deux mois. — Les abonnements sont pris pour l'année entière.

Les articles insérés restent la propriété de la Revue et aucune reproduction, même partielle, ne pourra être faite sans l'autorisation de l'éditeur. — Des tirages à part ne sont accordés aux auteurs que sur leur demande et en déduction de la rémunération des articles.

Les ouvrages, envoyés en *double* exemplaire à la librairie Pedone, 13, rue Soufflot, sont annoncés et seront, s'il y a lieu, l'objet d'une notice bibliographique. — Les comptes rendus des ouvrages ne traitant pas du droit international seront publiés sur la couverture de la Revue.

Adresser tout ce qui concerne la rédaction à M. Paul Fauchille, 1, rue Martignac, Paris ou à M. Pillet, 45, rue Lesdiguières, Grenoble.

OUVRAGES REÇUS PAR L'ADMINISTRATION DE LA REVUE.

La nationalité française, par E. Rouard de Card, prof. à la Faculté de droit de Toulouse, Paris, Pedone, édit. 1893. — *Traité élémentaire de législation industrielle*, par P. Pic, prof. agrégé à la Faculté de droit de Lyon, Paris, Rousseau, édit. 1894. — *L'insaisissabilité du foyer de famille aux Etats-Unis ; étude sur le Homestead*, par Corniquet, avocat à la Cour de Paris, Paris, Pedone, édit. 1894. — *Vérités et paradoxes*, par Frédéric Passy, membre de l'Institut, Paris, Delagrave, édit. 1894. — *De l'équilibre politique, du légitimisme et du principe des nationalités*, par de Stieglitz, membre honoraire du Conseil des salles d'asile de Saint-Pétersbourg, t. II, Paris, Pedone, édit. 1894. — *La revision belge*, par L. Arnaud, auditeur au Conseil d'Etat, Paris, Pedone, édit. 1894. — *La doctrina de Monroe*, par José Maria Céspedes, La Havane, A. Miranda, impr. 1894. — *Les revendications ouvrières en France*, par Béchaux, prof. à la Faculté libre de droit de Lille, Paris, Guillaumin et Rousseau, édit. 1894.

SOMMAIRE DU N° 4.

Imp. G. Saint-Aubin et Thevenot, Saint-Dizier (Haute-Marne), 15-17, passage Verdeau, Paris.